Mein Spickzettel

Franz Kafka

Das Urteil

Was du vor einer Interpretation wissen musst

Christian Milz

Impressum

Texte: © 2019 Milz, Christian
Herstellung und Verlag: BoD –
Books on Demand, Norderstedt
ISBN: 9783732249718

Coverbild: Hariadhi - Eigenes Werk
Illustration zum Schummeln
Wikimedia CC BY 2.5
File:Cheating.JPG
Erstellt: Picture taken May 30th,
2007. Uploaded Juni 5th 2007
(GMT+7)

christian-milz@gmx.net

Inhalt

Vorwort
1. Keine Interpretation!
2. Die Schwimmkünste des Autors sind irrelevant
3. Die Geschichte: ihr Ende
4. Die Geschichte: ausgelöste Emotionen
5. Die Geschichte: Indizien
6. Die Geschichte: Verdrängung
7. Der Kommentar des Autors
8. Der problematische Vater
9. Der „rote Faden": Zeit
10. Der teuflische Mensch
11. Kafkas Transzendenzoffenheit
12. Interpretation

Vorwort

Wer bei einem Text „durchblickt" hat hermeneutisch, d.h. verständnis- und auslegungsmäßig festen Boden unter den Füßen. Außerdem wird der Text dann leichter zum geistigen Eigentum. Das Gedächtnis identifiziert ganze „Gestalten" und speichert sie unter verschiedenen Aspekten, mehrfach (redundant) ab. Deswegen erklärt dieser „Spickzettel" den inneren Kern von Kafkas Erstlingswerk *Das Urteil*. Im Gegensatz zu den echt „kafkaesken" Ereignissen der Handlung verläuft dieser „rote Faden" mehr unter der Oberfläche, aber keineswegs verborgen, sondern immer noch gut sichtbar. Schließlich wird die Erzählung durch ihn sozusagen zusammengenäht. Man muss ihn nur erkennen, wobei es nicht darum geht, den Inhalt aufzutrennen und in seine Einzelteile zu zerlegen. Es geht vielmehr darum, die Geschichte Georg Bendemanns zu verstehen, vielleicht sogar besser als ihr Autor selbst sie verstand. Im Zentrum dieses „Spickzettels" steht eine tabellarische Auflistung, die das Muster des „roten Fadens" offenbart. Eines roten Fadens übrigens, der sich im gesamten Werk Kafkas wiederfindet. Insofern stellt das Verständnis des *Urteils* einen Schlüssel zu Kafkas Werk überhaupt dar. Nicht zuletzt hat uns der Text etwas Wichtiges mitzuteilen, mehr als die Beschreibung von Absurditäten und Sinnlosigkeiten, die wir sogar nach Kafka benennen.

1. Keine Interpretation!

Ein Dilemma der Geistes – bzw. Literaturwissenschaft ist, dass sie noch nicht einmal den Unterschied zwischen der Analyse des Bedeutungszusammenhangs eines Textes (der sprachlichen Daten und ihrer Struktur) und der Interpretation kennt – oder jedenfalls nicht beherzigt.

Zwar ist es letzten Endes unvermeidlich, dass sich irrationale Standpunkte, von den unbewussten Emotionen bis hin zu weltanschaulichen Ursprungsfragen, in eine Lektüre hineindrängen und selbstverständlich ist ein bedeutender Text nicht eindimensional angelegt sondern lässt mehrere Perspektiven zu, gleichwohl gibt es Auslegungsgrenzen. Anders ausgedrückt: Interpretationsvielfalt ist gut und schön, jedem sozusagen sein Ding, auf einem anderen Blatt steht, wie ein Text gestrickt ist, wo die Fäden zusammenlaufen und welche Story wir letztlich wirklich vor uns haben. Hier gibt es oft weniger Spielräume, als man gemeinhin annimmt und insbesondere als sich die Literaturwissenschaft herausnimmt.

Die Prof(i)s etablieren ihre weit auseinanderdriftenden Positionen gerne dadurch, dass sie literatur-

oder geisteswissenschaftliche Theorien, literarische Intertextualität, Briefe des Autors oder seine Biografie hinzuziehen und die Auseinandersetzung mit dem Text auf ein fremdes, von ihnen definiertes und dominiertes Terrain umleiten. Vielleicht braucht man das eine oder andere davon sogar mitunter, es handelt sich dann indes um Hilfskonstruktionen, die sich keinesfalls in den Vordergrund schieben dürfen oder womöglich gar deutungsleitend werden. Genau das aber, das Auftürmen von weiterem Textmaterial, ist indes eher die Regel, freilich ein Zeichen von Ratlosigkeit. Stattdessen wäre es angebracht, dem Autor genau zuzuhören und scharf über das nachzudenken, was dieser erzählt.

2. Die Schwimmkünste des Autors sind irrelevant

Wenn das Internetlexikon Wikipedia beispielsweise die „überraschende" Deutungsvariante in Hinblick auf Kafkas Erstlingswerk *Das Urteil* zitiert, dass es „eine symbolische Abnabelung vom Elternhaus begründe", dann ist das schlicht und einfach pure Phantasie bzw. Wunschdenken. Wikipedia belegt das damit, dass in der Erzählung kein Hinweis auf den tatsächlichen Tod Georgs erhalten sei, so dass Georg Bendemanns Sprung von der Brücke als Loslösung und Wiedergeburt, als

Eintritt in ein selbstbestimmtes Leben an der Seite der selbstgewählten Frau verstanden werden könne. Selbstverständlich steht jedem eine solche Interpretation frei. Nur erzählt uns Franz Kafka das genaue Gegenteil. Schließlich wird der Protagonist zum Tode verurteilt und die Tatsache des Urteils wird der Geschichte sogar als Titel überschrieben. Also *ertrinkt* Georg. Erst kommen die Fakten, dann die Interpretation.

Da hilft auch kein Hinweis darauf, dass der Autor selbst ein hervorragender Schwimmer gewesen sei. Letztes ist ein Paradebeispiel für die Kontaminierung eines literarischen Textes durch fremdes, in diesem Falle autobiografisches Material. Wenn Kafka gewollt hätte, dass wir annehmen sollen, dass sein Protagonist sich von dem Terror des Vaters im Freischwimmbad erholt, dann hätte er uns das erzählen können. Hat er aber nicht. Sondern dass Georg Bendemann in seinen Jugendjahren ein ausgezeichneter Turner war. Aber man sieht an diesem Beispiel, welche gewaltigen inneren Kräfte bei der Lektüre am Werk sind. Das ist auch ganz in Ordnung. Nur wollen wir ja wissen, was uns Franz Kafka erzählt und nicht ein Volker Drüke, so heißt nämlich der Erfinder des Happy Ends.

3. Die Geschichte: ihr Ende

Sehen wir uns das Ende der Erzählung genauer an: „Aus dem Tor sprang er, über die Fahrbahn zum Wasser trieb es ihn. Schon hielt er sich am Geländer fest, wie ein Hungriger die Nahrung. Er schwang sich über, als der ausgezeichnete Turner, der er in seinen Jugendjahren zum Stolze seiner Eltern gewesen war. Noch hielt er sich mit den schwächer werdenden Händen fest, erspähte zwischen den Geländestangen einen Autobus, der mit Leichtigkeit seinen Fall übertönen würde, rief leise: „Liebe Eltern, ich habe euch doch immer geliebt", und ließ sich hinfallen. – In diesem Augenblick ging über die Brücke ein geradezu unendlicher Verkehr."
Das ist ein meisterhaft geschriebenes Ende. Der Autor war sich dessen bewusst und sah sich fortan als berufener Schriftsteller. Aber es handelt sich hier eben nicht nur um das Ende der Erzählung, sondern auch um das des Georg Bendemann, der das *ende* sogar im Namen trägt. Wenn jemand in voller Montur von der Brücke springt, vorher nach allen Regeln der Kunst fertiggemacht wird und sozusagen im letzten Atemzug an seine lieben Eltern denkt, dann lautet die gängige und logische Assoziation: Suizid.

Der Autor selbst soll laut seinem Freund Max Brod beim letzten Satz der Geschichte in Bezug auf den unendlichen Verkehr an eine starke Ejakulation gedacht habe. Ob das ein Joke, Zynismus oder Interpretation ist, sei vorerst einmal dahingestellt, für uns ist das im Moment irrelevant. Die Brücke ist ein Übergangsmedium – in diesem Falle wörtlich: zum Unendlichen, also vermutlich doch zum Jenseits – das ist Interpretation, aber zunächst die naheliegende.

4. Die Geschichte: ausgelöste Emotionen

Die Novelle hinterlässt uns in einer Art tiefer Betroffenheit. Der „geradezu unendliche Verkehr" über der Brücke schließt sich über der kleinen Anomalie der soeben untergegangenen menschlichen Existenz und lässt dessen letzte Spur in der Masse untergehen. Und es ist der Sohn selbst, der darauf achtet, dass von ihm nicht einmal das Geräusch bleibt, als er ins Wasser springt. Welche Leserin, welcher Leser vermag sich schon der Übermacht des geschilderten Monsters von Vater entziehen? Wie lächerlich lässt der Autor die zaghaften Auflehnungsversuche Georgs erscheinen! Aber da muss das Publikum durch, daran kann es nicht vorbei.

5. Die Geschichte: Indizien

Natürlich muss uns der Autor diesen Selbstmord und das vorangehende Urteil erklären. Und klar ist auch, dass ein Missverständnis des Endes der Novelle mit solch einer Erklärung, d.h. mit der ganzen Geschichte wenig wird anfangen können. Ob wir auf dem richtigen Weg sind, zeigt sich an den Details.

Wozu beispielsweise der Gedanke, dass der Autobus auf der Brücke den Fall übertönen würde? Wie gesagt eliminiert Georg sich damit bereits in der Sphäre des Akustischen, ganz banal dient er aber zunächst einfach dazu, das Gelingen des Suizids sicherzustellen und die Idee an Rettung von außerhalb auszuschließen. Georg springt zudem keineswegs mit dem Schwung, der ihn über das Geländer führt, hinunter in das Wasser sondern wartet das Schwächer-Werden ab. Kann man daran vorbei, das als Antizipation seines Endes im Wasser zu lesen, eines kurzen Zappelns, das schließlich erlahmt und über dem sich das Wasser schließt wie der Verkehr über dem unidentifizierbaren Geräusch? Zwar könnte jetzt jemand einwenden, dass der Autor ja gar nicht von dem Aufkommen im Wasser spricht, sondern nur von „dem Fall". Allerdings kommt damit eine offenbar beabsichtigte Unschärfe mit metaphorischem Potential ins Spiel.

Das *Hinlegen* des schwächlichen Vaters und dessen Sich-Sträuben und *Aufstehen* zwecks Verurteilung des Sohnes spielt in der Novelle eine wichtige Rolle. Selbstverständlich hat das einen symbolträchtigen Hintergrund, den man versuchen kann, zu fixieren oder auch nicht. Bei dem Sohn ergibt sich am Ende folgende Bewegungsabfolge: Gejagt-Werden, Eilen, Springen, Treiben, Festhalten, Überschwingen, Schwächer-Werden, Fallen.

Dann kommt dieser „leise Ruf" in Richtung der Eltern, ein Oxymoron, das Seele und Körper bereits voneinander löst. Wir kennen das aus Träumen.

6. Die Geschichte: Verdrängung

Interpretationen im Hinblick auf das vermeintliche Erreichen der Autonomie des Protagonisten (mit Verlobung, Heirat usw. …) wie die von Volker Drüke, wurzeln in dem Sich-Wehren gegen dieses Ende der Novelle. Für die Psyche ist letzteres schwer aushaltbar.
Aber warum eigentlich? Wenn wir uns über das Schicksal des Protagonisten entsetzen, vergessen wir (und sogar die Literaturwissenschaftler tun das), dass wir es mit einer fiktionalen, d.h. in Symbolform vorliegenden Gestaltung zu tun haben.

Alles spielt sich sozusagen auf einer Bühne ab, die Handlung ist entsprechend konzipiert. Interpretationen sind Symbolformen hoch zwei (oder mehr). Wenn der Vater den Sohn zum Tode verurteilt, was einem Mord gleichkommt und der Sohn dieses Urteil in Form eines Selbstmordes umsetzt, dann zwingt uns eine gleichsam angeleitete Phantasiereise in dieses Bild hinein, aber es ist zunächst einmal nur ein Bild: Horror, aber in der Sphäre des Mediums. Wir sollten das nicht weginterpretieren, denn womöglich enthält die Erzählung wertvolle Aufschlüsse über das Leben. Kafkas Leben möglicherweise, aber auch unseres.

7. Der Kommentar des Autors

Was die Novelle auch beinhaltet ist übrigens eine Widmung an die Verlobte des Autors. Im Untertitel heißt es: „für Fräulein Felice B". Eher unwahrscheinlich, dass „der geradezu unendliche Verkehr" am Schluss der Novelle bei der Dame ähnlich orgastische Assoziationen wie auf Seiten des Autors evozierte. Und durchaus ein mutiges „Verlobungsgeschenk", in Anbetracht dessen nämlich, dass der fiktive Vater Georgs Verlobte indirekt als Schlampe und direkt als „widerliche Gans" bezeichnet. Kafka fragt seine Beatrice In einem Brief: „Findest du im *Urteil* irgendeinen Sinn? ... Ich finde ihn nicht und kann auch nichts darin erklären." Von ihm können wir uns daher keine weiteren Aufschlüsse erwarten. Aber das wollen wir ja auch gar nicht.

So viel steht immerhin fest: Selbst der Autor macht sich Gedanken über „den Sinn" seiner Erzählung. Selbstverständlich wird er sie nicht für unsinnig gehalten haben. Wonach er fragt, ist der „tiefere Sinn" bzw. Interpretation. Kafka persönlich kann Interpretation entbehren, vielleicht verortet er sie auch in einem schwer zu fassenden Raum an der Grenze des Bewusstseins.

Andererseits heißt „Sinn" zunächst ganz einfach: Zusammenhang, Struktur, Beziehung. Dafür steht der Autor als Künstler gerade, daran hat er hart gearbeitet. Damit hat er seine Aufgabe aber auch erfüllt. Alles Weitere ist Sache des Publikums.

Nebenbei bemerkt hat ist Kafkas Beziehung zu Felice B. nach zweimaliger Verlobung und Entlobung in die Brüche gegangen.

8. Der problematische Vater

Eigentlich fängt die Geschichte ganz harmlos an. Ein gutes Drittel des Textes überlegt der Protagonist hin und her, ob er seinem nach Russland ausgewanderten Freund brieflich seine Verlobung ankündigen und ihn womöglich zur Hochzeit einladen soll. Wer die kurze Novelle öfters liest, merkt schon hier, wie sich der Horror auf leisen Sohlen ankündigt. Erstens erfahren wir, dass Georgs Verlobte – vorsichtig ausgedrückt – zum Herumzicken neigt, wenn sie von einer bloß gemutmaßten Introvertiertheit des Freundes auf Georg selbst und ihre Beziehung zu ihm schließt: „Wenn du solche Freunde hast, Georg, hättest du dich überhaupt nicht verloben sollen." Als Georg das durch Zärtlichkeit ausbügelt, schickt sie noch hinterher: „Eigentlich kränkt es mich doch." Anstatt nun zu denken oder zu sagen: „Hör mal Mädchen, meine Freunde sind meine Sache, ich rede dir auch bei deinen Freundinnen nicht hinein", treibt Georg das verschrobene Gedankenspiel auf die Spitze. Er schreibt dem Freund: „Außerdem bekommst du in meiner Braut, die Dich herzlich grüßen lässt, und dir nächstens selbst schreiben wird, eine aufrichtige Freundin, was für einen Junggesellen nicht ganz ohne Bedeutung ist." In Anbetracht dessen, was besagte Freundin gerade von sich gegeben hat, hat das schon etwas Schleimiges und die Kombination eigene Verlobte – lediger Freund etwas durchaus Perverses.

Damit beginnt Kafkas Spiel mit dem Ignorieren, Negieren, und Einreißen von Abgrenzungen sowie grotesken Übergriffigkeiten, das indes nie so weit getrieben wird, dass die Figuren ganz miteinander verschwimmen. Ihre Persönlichkeitskerne bleiben unangetastet.

Würde der Alte *nur* ausfällig herumpoltern, auf die Verlobte schimpfen und Georgs Freund für sich in Anspruch nehmen, würde man ihn bloß für dement halten, was der Text keineswegs ganz ausschließt. Dann aber lässt der Vater die vorwurfsvolle Bemerkungen fallen: „Wie lange hast du gezögert, ehe du reif geworden bist!", die nicht mehr dem sich aufbäumenden alten Wrack zuzuordnen ist. – „Du hast mir also aufgelauert!", ruft der Sohn daraufhin, worauf der Vater überraschenderweise mit überlegener Mitleidigkeit reagiert. Es sind diese dramatischen Wechsel in der Tonlage, die der Empathie des Publikums gleichsam die Zwangsjacke anlegen.

Eben noch hat der Alte wie ein Kind an der Uhrkette des Sohnes gespielt, jetzt steht er sozusagen (oder gerade deswegen) *über* der Zeit. Es sind diese Wandlungen im Tonfall und in dem Sinnpotential der Figurenrede, die letztendlich die Überlegenheit des Vaters über den Sohn manifestieren. Letzterer wird die Rolle der Passivität hineingezwungen, seine echohaften Bemerkungen erschöpfen sich in schwachen Reflexen. Daneben sehen wir ihn völlig aufgehen in der Normalität eines Sohnes mit einem pflegebedürftigen, zahnlosen Greis. Mysteriös ist nur, dass sich die Vergesslichkeit, die man eigentlich bei letzterem erwarten würde, bei dem Sohn wiederfindet: „Georg stand in einem Winkel, möglichst weit vom Vater. Vor einer langen Weile hatte er sich fest entschlossen, alles vollkommen genau zu beobachten, damit er nicht irgendwie auf Umwegen, von hinten her, von oben herab überrascht werden könne. Jetzt erinnerte er sich wieder an den längst vergessenen Entschluss und vergaß ihn, wie man einen kurzen Faden durch ein Nadelöhr zieht." Bei genauerem Hinsehen wird klar, dass hier eine andere, höhere Art von Erinnerung gemeint ist, als die alltägliche.

Georg hatte offenbar schon befürchtet, dass ihm jemand bzw. der Vater auflauert und sich darauf vorbereitet; er hatte sich vorgenommen, wachsam zu sein. Wachsam worauf? Vor allem von hinten und oben droht Gefahr. Am Anfang der Geschichte war davon keine Rede. Im Zimmer des Vaters baut sich der Horror dann nach und nach auf. Ungewöhnlich Dunkel ist es hier, die Intimsphäre des Vaters ist in dem geöffneten Schlafrock alles andere als sicher eingeschlossen und dieser selbst „immer noch ein Riese".

„Oben" – das ist offenbar die Autorität des Vaters, „hinten" könnte die Vergangenheit sein. Im weiteren Verlauf oszilliert die Handlung zwischen den Polen einer oberflächlichen Alltäglichkeit aus Greisenhaftigkeit, Pflegebedürftigkeit, Fürsorgepflicht, Geschäftsübernahme, Freundschaft, Verlobung sowie dem Pol einer untergründigen Gefahr zunächst unbekannter Art und Herkunft. Georg Bendemann ist sich dieser Gefahr offensichtlich einmal bewusst gewesen und hat sie dann aber aus den Augen verloren, ist sozusagen im Alltag versackt. Kafka analogisiert diese ursprünglich einmal vorhanden gewesene Achtsamkeit mit Faden und Nadelöhr.

Das Verhalten des Vaters gibt freilich allen Anlass, auf der Hut zu sein. Als er über die Verlobte herzieht, wie sie die Röcke hebe, demonstriert er das an sich selbst, so wie sich schon am Anfang sein Schlafrock beim Gehen öffnet. Wenn er dabei wettert, dass sein Sohn sich an der Verlobten „ohne Störung befriedigt hätte", wird die Assoziation an Geschlechtsverkehr unausweichlich und die Frage stellt sich, wie *weit* das Feld ist, auf das sich der Vater hier begibt. Es geht keineswegs um Lappalien. Aus gutem Grund steht der Sohn nun „möglichst weit vom Vater". Während der Alte die Braut des Sohnes quasi beseitigt, negiert er zunächst die Existenz des Freundes, anschließend vereinnahmt er selbigen für sich, er habe ihm geschrieben und ihn informiert, seine Briefe lese dieser, die des Sohnes zerknülle er ungelesen. Der Alte hat nachgerade etwas von einem Vampir.

Aber wie problematisch der Vater sich auch immer darstellt, erklärt das noch nicht die von ihm ausgehende Gefahr, und zwar aus zwei Gründen: Erstens hat der Sohn sich bereits im Geschäft etabliert, letzteres verläuft, wie wir am Anfang erfahren, sehr erfolgreich, Georg hat Freunde, ist verlobt und nicht zuletzt scheint auch die Beziehung zum Vater zunächst durchaus intakt zu sein. Sie speisen jeden Tag mittags zusammen und sehen sich abends im Wohnzimmer. Zweitens aber, und das ist das Entscheidende, stellt sich die Frage, wodurch sich das Unheimliche auf das Publikum überträgt. Wo sind wir verletzlich, auf welche Wunde *in uns* könnte Kafkas Novelle den Finger pressen?

Als der Alte dem Sohn eröffnet, dass er und dessen Vertreter hier am Ort sei, kommt folgende Gegenreaktion: „Komödiant!' konnte sich Georg zu rufen nicht enthalten, er erkannte sofort den Schaden und biss, nur zu spät, – die Augen erstarrt – in seine Zunge, dass er vor Schmerz einknickte." Welcher Schaden? Warum erstarren die Augen?

Georg ist in einer Defensive, in die er sich immer stärker verstrickt. Georgs Replik, die nicht nur hier aus einem kurzen Einwurf besteht, zu mehr reicht es nicht, paraphrasiert eine frühere Bemerkung väterlicherseits: „Du bist immer ein Spaßmacher gewesen". Desgleichen reagiert der Sohn auf den Ausruf des Vaters: „Er weiß alles tausendmal besser!" mit dem Wort „Zehntausendmal!", und wir erfahren, dass das Wort im Munde des Sprechers einen todernsten Klang bekommt. („*Tod*ernst" @ Volker Drüke)

Oben die Paraphrase der väterlichen Figurenrede, hier die Steigerung: beide Male beschränkt sich die Replik des Sohnes darauf, den Angriff des Vaters ironisiert zu spiegeln (ohne freilich dabei die Kraft des Angreifers gegen diesen zu wenden und im Gleichgewicht oder gar zentriert zu bleiben).

Alles Relevante im Hinblick auf das spätere Urteil über den Sohn und dessen freiwilliger Vollstreckung erfahren wir nur aus dem Munde des Vaters sowie aus den reflexhaften Spiegelungen in den Antworten des Angeschuldigten. In der Gegenwart des Vaters scheint jegliches Leben, jede Eigenständigkeit aus dem Sohn entwichen zu sein. Kein Widerstand, kein eigener Gedanke, keine Geistesgegenwart, nur banale Reflexe. Diese Konstellation ist interpretationsbedürftig, z.B. im Hinblick auf (gesellschaftliche) Macht und Ohnmacht und (inszenierte) schockartige Ereignisse. Vorher aber gilt es, einen Blick auf die Struktur der Schwäche zu werfen, die den Sohn in seiner Beziehung zum Vater kennzeichnet. Es wurde bereits festgestellt, dass der Sohn ein verschrobenes Beziehungsverhalten im Hinblick auf seine Verlobte und den Freund aufweist, Abgrenzung also nicht gerade zu seinen Stärken gehört. Aus der Figurenrede von Vater und Sohn ergibt sich zudem, dass sich beide nur über die Gegenseite definieren, dabei aber subjektive und extrem gegensätzliche Emotionen erfahren. Beiden scheint jegliche Eigenständigkeit, die einer entfalteten Persönlichkeit entstammt, zu ermangeln. Überlegen ist in diesem Fall derjenige, der das Überraschungsmoment auf seiner Seite hat. Im Prinzip könnte das auch der Sohn sein, der den Alten beispielsweise ins Heim steckt. Allerdings hätten wir in diesem Fall sozusagen einen Gewinner. Dadurch, dass der Vater sowieso bereits hinfällig ist, sind sich Vater und Sohn am Ende irgendwie quitt. Sogar dahingehend, dass der eine das Urteil spricht und der andere es ausführt. Obwohl die Rollenverteilung zunächst einen gewaltigen Machtunterschied suggeriert, hier der Richter, dort der Angeklagte, stellt sich die Sachlage bei genauerem Hinsehen differenzierter dar. Die hintergründige Entsprechung von Vater und Sohn unterminiert alle Möglichkeiten des Publikums, sich der Wirkung der Erzählung zu entziehen. Damit kommt diese Untersuchung zu dem geheimen, wenngleich deutlich sichtbaren roten Faden der Geschichte. Und es sind die damit zusammengewebten Details, die erst Konsistenz und Kohärenz der Erzählung ausmachen, Details, die die blinden Flecken jeder voreiligen Interpretation ausmachen.

9. Der „rote Faden": Zeit

Wir erinnern uns, dass wir „Sinn" ganz einfach als „Zusammenhang" bestimmt haben. Sowohl das Gemeinsame als auch das Gegensätzliche von Vater und Sohn bestimmt sich durch ihr Verhältnis zur der Zeit. Dem Vater bleibt nicht mehr viel Zeit, der Sohn vergisst immer gleich alles, d.h. er befindet sich nicht recht in der Zeit. In einer Tabelle zusammengefasst ergeben sich folgendes Bild:

Vater	Sohn
	War lange, das Gesicht dem Fenster zugekehrt, an seinem Schreibtisch gesessen. Kaum ein *abwesendes* Lächeln für einen vorübergehenden Bekannten. (geistesabwesend)
liest *Zeit*ung (Zeit)	folgt den Bewegungen des alten Mannes ganz *verloren* (geistig abwesend)

sitzt in seinem Zimmer in einer Ecke, die mit verschiedenen *Andenken an die selige Mutter* ausgeschmückt war. (Erinnerung)	Figurenrede: Aber das alles (Veränderungen im Hinblick auf den Vater) *hat Zeit*. Jetzt lege ich dich noch ein wenig ins Bett. (Nachlässigkeit gegenüber der Zeit)
Figurenrede: Vielleicht *kommt* auch für sie (gewisse unschöne Dinge) *die Zeit* und vielleicht *kommt sie früher*, als wir denken. (reflektiert über die Zeit)	Verleugnet wenigstens zwei Mal die Gegenwart des Freundes vor dem Vater (vor drei Jahren) und erzählt dann aber, dass sich der Freund und der Vater unterhalten haben. (inkonsistentes Verhalten gegenüber dem Moment)
Spielt mit der *Uhr*kette des Sohnes, hält sich daran fest. (doppeldeutiger Zeitaspekt)	Macht sich Gedanken über die *Zukunft* des Vaters, ihn nicht alleine in der Wohnung zu lassen, sondern in den künftigen Haushalt mitzunehmen. Aber die Pflege dort könnte *zu spät* kommen. (Verfehlung des richtigen Moments)
Durchschaut den Sohn, der vermeintlich will, dass der Vater sich *nicht mehr rühren kann* (Veränderung verhindern)	läuft, fast zerstreut, zum Bett und stockt (Unterbrechung des Zeitflusses)
Fordert Georg auf, für den *Augenblick* der Antwort sein lebender Sohn zu bleiben. (Sohn ist anscheinend kaum noch lebendig)	Hat sich vor langer Zeit fest entschlossen, alles genau zu beobachten. Erinnert sich an den längst vergessenen Entschluss und *vergisst* ihn. (Ver-

	gesslichkeit)
Beansprucht *Ursprung* des Sohnes zu sein und ihn diesbezüglich geliebt zu haben. (Anfang in der Zeit)	Erkennt den Schaden (der Replik („Komödiant") *zu spät*, die Augen erstarren. (Verpasst den Moment, Stockung)
Bezeichnet sich als Verbündeten des Freundes, die (verstorbene) Mutter hat ihm ihre Kraft abgegeben. (Abgelaufene Zeit von anderen kommt dem Vater zu Gute.)	Hofft *vergeblich*, dass der Vater fällt und zerschmettert. (Falsche Prognose über den Moment)
Seit Jahren wartet der Vater auf einen bestimmten Moment. (Kann mit Zeit umgehen)	*Augenblickliche* Gedanken *vergisst* er sofort wieder. (Vergesslichkeit)
Liest keine Zeitung, die Zeitung im Bett ist irgendwie dahingekommen und alt. (Steht über der Zeit)	Name der Zeitung ist Georg schon ganz unbekannt. (Vergesslichkeit)
Der Sohn sehe, *wie es mit ihm steht*. (Vaters Zeit läuft ab)	Vorwurf seitens des Vaters, mit der Reife *lange gezögert* zu haben und nur Augen für das *Vergehen der Zeit* beim Vater zu haben. (Zeitvergessenheit)
Erkenntnis des Sohnes, dass der Vater *ihm aufgelauert habe*. (Vater ist in der Lage, mit der Zeit umzugehen)	Vater kommentiert, dass der Sohn es vergessen habe, etwas *früher* zu sagen. (Falscher Moment)

Der Schlüssel zu der Novelle liegt in dem Verhältnis des Vaters wie auch des Sohnes zu der Zeit. Letzteres ist das sie beide trennende wie das verbindende Element. Während der Vater über einen gewissen Überblick über die Zeit verfügt, vergisst der Sohn alles gleich wieder. Irgendwie steht er in Bezug auf die Zeit sozusagen neben sich.

Jetzt wird klar, was das merkwürdige Urteil des Vaters zu bedeuten hat. Man muss genau lesen: Er verurteilt den Sohn *jetzt* (Zeit!) zum Tode *des* Ertrinkens. Wohlgemerkt nicht *durch* Ertrinken. Der Unterschied ist folgender: Nicht der Tod ist die Konsequenz des Urteils, sondern das Ertrinken. Der Tod des Ertrinkens meint die unendliche Kontinuität des Ertrinkens. Dieses Urteil ist letzten Endes nichts anderes als die Fortsetzung des Zustandes, in dem der Sohn bereits die ganze Zeit verharrt. Was sich nun abspult ist eine panikartige Beschleunigung der Handlung. Auch das schlussendliche „Fallen" beinhaltet diese Beschleunigung.

Vereinfacht ausgedrückt lautet Kafkas Formel:

$$Vater = Zeit$$

Die Zeit des Vaters ist durch sein Alter abgelaufen, die des Sohnes durch seine Unaufmerksamkeit gegenüber dem, was ihn von „oben" und „hinten" überraschen könnte.

10. Der teuflische Mensch

Unmittelbar vor dem Urteil bezeichnet der Vater seinen Sohn zunächst als eigentlich „unschuldiges Kind", danach aber nennt er ihn „noch eigentlicher einen teuflischen Mensch!" Wenn wir uns das von unserem eigenen Vater anhören müssten wäre das ein gewaltiger Schock, der einem Fluch gleichkommt. Für psychisch Labile bestünde in diesem Fall vielleicht tatsächlich Suizidgefahr, und wer wäre bei einem solchen Vater womöglich nicht psychisch labil?

Vermutlich wollte Kafka aber eher auf etwas anderes hinaus. Dieser eigenartige Satz enthält auf sehr komprimierte Form gleichsam eine philosophische Analyse des Bösen. Vielleicht hört sich das jetzt schon nach Interpretation an, aber das täuscht. Im Zusammenhang der Novelle beruht die Vater-Sohn-Konstellation darauf, dass der Sohn nicht viel mehr als die Kopie des Vaters darstellt. „Unschuldige" Kinder haben mehr oder weniger nur die Aufgabe, zu wachsen. Erwachsene dagegen werden, wenn der Kinderaspekt weiterhin dominiert (anstatt in erster Linie im Innern der Seele präsent zu bleiben), unter Umständen gefährlich. Von ihnen erwartet man Selbsterkenntnis, ein Bewusstsein über die eigenen Stärken und Schwächen (wunde Punkte), über Aggressionstrigger und nicht zuletzt, dass sie sich vernunftgeleitet und durch subtile Emotionen geleitet verhalten. Georg verfehlt diese Qualitäten, das macht die kritische Situation mit dem Vater deutlich und er muss diesen schmerzhaften *Lernprozess* durchlaufen bzw. hat er ja die Begegnung selbst herbeigeführt. In Bezug auf die pure Zeit ist sogar der gebrechliche Alte dem Sohn haushoch überlegen. Andererseits haut ihn der Rückstoß seines Urteils genauso um und rückwärts aufs Bett wie es den Sohn in den Fluss treibt. Das Gericht, vor dem dieser *Prozess* in komprimierter Form stattfindet, ist die Eindimensionalität. In dieser Hinsicht sind sich alle Figuren des *Urteils* gleich.

11. Kafkas Transzendenzoffenheit

In gewisser Weise typisch für Kafka ist, dass in seinem Werk indirekt oder direkt zwar vom Teufel bzw. Teuflischen die Rede ist, dass aber der Gegenpol dieser transzendenten, jenseitigen Macht – das wären Gott oder die Götter – fehlt. Selbstverständlich urteilt der Vater nicht aus einer höheren Position als diejenige, auf der sich sein Sohn befindet. Der einzige Unterschied ist ihr Alter, also ihre Akkumulation von Zeit. Insofern rangiert der Vater wie gesagt über dem Sohn. Ethisch tut er das keineswegs. In gewisser Weise urteilt der Vater daher auch über sich selbst.

12. Interpretation

Wenn man Kafkas Erzählung soweit geklärt hat, darf man interpretieren. Das Ergebnis wird (hoffentlich) subjektiv und sehr unterschiedlich ausfallen. Wie stark beeindruckt uns der fiktive Vater, wo erinnert er womöglich sogar an den eigenen? Interessiert man sich für Psychologie, dann wird man sich vielleicht auch Kafkas persönlichen Vater anschauen wollen, oder andere Väter, die dem fiktiven ähneln. In der Tat gibt es solche Väter. Den von Anja Lundholm beispielsweise, einen niederländischen Nazikollaborateur, dessen politisch aktive Tochter das Konzentrationslager Ravensbrück überlebt hat und darüber in dem Buch *Das Höllentor* sowie in weiteren autobiografischen Büchern berichtet.

Freudianer wird vielleicht Kafkas Assoziation des „unendlichen Verkehrs" auf der Brücke mit einer „starken Ejakulation" gefallen und zu der Frage reizen, warum der Protagonist lieber ins Wasser springt.

Außerdem kann man den Vater auch auf einer mehr kollektiven Ebene verstehen. Stichwort: Vater Staat – und seine Kinder, das Volk. Kafka hat die Novelle am Vorabend des Weltkriegs geschrieben, die Spannungen waren überall greifbar. Naivität und Teufelei liegen in einer solchen Konstellation nicht selten nahe beieinander.
Philosophisch betrachtet darf man sich aber auch über die Beziehung des Urteils zu der jüdisch-christlichen Schöpfungsgeschichte machen. In gewisser Weise handelt die Erzählung dann möglicherweise von der Verdammung der Eva (Georgs Verlobter) und dem Baum der Erkenntnis, auch die Beziehung Jakob – Isaak mit dem Kindesopfer gehört in diesen Zusammenhang.

Enorm fruchtbar ist es zudem, Kafkas Novelle vor dem Hintergrund von Schillers *Briefen über die ästhetische Erziehung des Menschen* zu lesen. Schillers Formel für das Schöne und die Kunst lautet, dass sie die Tendenz haben, die Zeit in der Zeit aufzuheben. In der Erfahrung des Schönen, im Kunstgenuss, beim Lesen usw. erfährt der Mensch eine höhere Dimension, die eine andere Zeiterfahrung beinhaltet. Letztere unterscheidet sich gravierend von dem scheinbar formlosen Dahinfließen von

Zeit, wie wir es erfahren, wenn wir uns nicht durch unsere Persönlichkeit einbringen. (Der Kampf gegen die Zeit führt nicht zum Aufheben von Zeit, sondern, wie bei Kafka, zum *Tode des Ertrinkens*.) Dazu gehört auch, sich auf Überraschungen von „oben" und „hinten" vorzubereiten.